太陽照過來的時候

劉小梅著

文 史 哲 詩 叢

文史哲出版社印行

國家圖書館出版品預行編目資料

太陽照過來的時候 / 劉小梅著 -- 初版 --
臺北市：文史哲, 民 101.04
頁；　公分（文史哲詩叢；103）
ISBN 978-986-314-026-9（平裝）

851.486　　　　　　　　　101007707

文 史 哲 詩 叢　103

太陽照過來的時候

著　　　者：劉　　　小　　　梅
出 版 者：文 史 哲 出 版 社
http://www.lapen.com.tw
e-mail：lapen@ms74.hinet.net
登記證字號：行政院新聞局版臺業字五三三七號
發 行 人：彭　　　正　　　雄
發 行 所：文 史 哲 出 版 社
印 刷 者：文 史 哲 出 版 社
臺北市羅斯福路一段七十二巷四號
郵政劃撥帳號：一六一八○一七五
電話886-2-23511028・傳真886-2-23965656

實價新臺幣三○○元

中 華 民 國 一○一 年（2012）四月初版

凍僵的馬蹄仍要出發

自 序

　　1997 年開始寫詩，忽忽已十四寒暑，這本新作已是九度嘔心瀝血。談起創作背景，真的可以一波三折來形容。首先因白內障手術，視力嚴重受損；其次是 2010 年 3 月 19 日突發性中風，半身癱瘓，至今尚未完全復原；同年年底又罹肺腺癌，此種疾厄轟動全球，中西醫皆束手無策。近年來癌症及心血管疾病，一直名列人類死亡榜單之首，萬夫莫敵。不知是何因緣際會，我竟兩病齊發，完全應驗命相家的鐵口直斷，宗教的說法是「業障」。退休後閉關六年，這竟是我修行的主要課題，真是始料未及，詩反倒成了副產品。養病療傷的過程中，謝絕所有參訪交流，遠離塵囂，中道而行，切切實實做一個「冷眼」、「熱血」、「佛心」的詩人，淡泊名利，莊敬自強，只求早日康復，回歸正常生活，余願足矣！

（作者簡介所附近照，攝於 2011 年 10 月，口頰明顯歪斜，此為中風典型病徵，醫師叮囑一定要等左右平衡才算痊癒，看來距離康復，尚需相當時日。有人說年齡永遠是女人的秘密，公布此照，我也思之再三，最後還是決定突破心理障礙，勇敢面對現實。人生有美有醜，有福有禍，追求完美固無可厚非，但做為一名詩人，更應忠實呈現真相。又因生肖屬馬，是故序名「凍僵的馬蹄仍要出發」。自古將軍以戰死沙場為榮，詩人也要仆倒再起，屢敗屢戰，特此為記。）

　　閉關療疾，深居簡出，許多活動不能親臨，作者與讀者間的距離，也由「近距」變為「遠距」，因此我將互動管道改為紙上作業，彙整詩壇經常被提及的幾個重要話題「答客問」，諸如：文學主張、詩觀、我的文學因緣，如何才能寫出一首好詩等等，在此一併闡述，同時就教各界先進。

　　詩人（或作家）所到之處，無法避免的，幾乎必得談談自己的文學主張，看似「小題」，其實也得當成「大作」來處理。記得我曾定義，詩是「人」的文學。所以它必須包含幾個要素：人道精神、人權主義、人性透視，尤其它必須符合孟子所倡導的民本思想，套用現代流行

的選舉語言即是「人民是頭家」，百姓最大。方向確立後，由詩人所駕駛的文學之船，才能啓航。

儘管有人說，詩人是「精神的貴族」、「物質的乞丐」，但舉世一致公認，詩人是一種「聖職」，是「社會的良心」，具有崇高的人格，普遍受到尊敬，「詩人」這個頭銜真是得來不易！珍惜之餘，我經常自省自惕，要以古哲張繼的胸襟為理想標竿：「為天地立心，為生民立命，為往聖繼絕學，為萬世開太平。」因此，身為一個詩人必須具有強烈心願，主動積極去促進人類及社會的品質提昇，用兩句簡單的話涵蓋，那就是要有「惻隱之心」、「聖賢之志」，時時刻刻要把「無愧」擺在心裡，要把「眾生」放在腦裡，獨善其身之外，更要兼善天下。是故「文學人」也應具有新聞鼻、新聞耳、新聞眼，隨時觀「世音」，甚至「每一根神經都要敏感起來」……。還有一個最重要的前題 —— 無求，所謂無欲則剛，這也類同宗教情操，默默布施不求回報。《般若波羅蜜多心經》上說，人要心「無」罣礙，才不會顛倒夢想，但做為「文學人」，一定要心「有」罣礙，心中有眾生，才會促使自己努力為社會做出貢獻，才能「利他」。

　　詩歌是語言的藝術，是「形而上的遊戲」，除了以上所說的知識份子的責任，也講究情趣，所謂「無理而妙」；不但要有美感，更要追求境界；要圓滿，更要懂得留白；要技巧，卻不能顯露技巧；要有感覺，更要令人感動。文評家説：「不能令人感動的小說，絕對不是好作品。」詩亦如此。而要感動人心，作家就必須深諳人性，必須有犀利的思想，有精準的眼光，最重要的是要有感同身受的同理心，如此才能深入劇中人的內在世界，才能描寫得細膩如髮，才能營造出餘音繞樑的效果。詩人也好，作家也罷，都得從「拼盡語言」起跑。文學創作不是知識的販賣，而是智慧的棒喝，不能一味地迎向陽光，也要懂得逆光沈潛。因此我給自己的座右銘是「智慧藏在修行裡」，以自然為師，以孤獨為樂，樸拙中藏有機鋒，以平凡蘊含不平凡，用「超現實」的筆法刻劃「現實」人生。推翻昨日，活出今日，創造明日，終生以身為「詩人」為榮。

　　每當參與活動或者面對粉絲（詩迷），經常被問到我的文學因緣或者「第一首詩」，回答這個問題，勢必閒話家常一番。彷彿是 1996 年底，鄰居大嬸送給母親一個石榴品嚐，當時我正在陽台洗衣。母親心血來潮，

約我「拼詩」比個高下，我頗為猶豫，也有些膽怯，因為自小在母親的督導下飽「讀」詩書，卻從未「寫」過詩。由於母親一再催促，我也不能示弱，於是欣然接受，題目就是「石榴」，每人即興創作打油詩一首，比快、比好、比才。我邊洗衣邊思想，不到十分鐘交稿，母親大為訝異，俯首認輸，她說：「從今天開始，妳得給我好好寫詩。」母親認為我的詩作獨具創意，不落俗套，值得栽培。如今看來真是幼稚無比，難登大雅，但這確是我生命中的第一次。有道是「萬事起頭難」，有了開端才能持續，我就是這樣開啓了「詩人之旅」。附錄「石榴」如下：

鄰人送來一枚石榴

橫看豎看

都像個球

只不過多了個頭

仔細剖開

原來

還有個宇宙

裡面的千萬顆星星

正朝著我瞅

我說

別瞅別瞅

我願做你的好朋友

　　「石榴」誕生後約莫三個月，我完成了第一本實驗詩集《問紅塵》，之所以強調「實驗」，是因自己毫無信心，不知有沒有寫詩的細胞，也不知外人的觀感如何？冒冒失失的找了一家出版社，那位美麗善良的女老闆竟然答應了，她說：「唸國中的女兒非常喜歡。」後來我才知道詩是「小眾」文學，完全無法衝高業績，直到今天我還內疚不已，不知她是否慘賠？

　　《問紅塵》後，本應推出《影像的約會》，這本詩真是命運乖舛。當時非常仰慕名詩人瘂弦老師，專誠登門祈請大師賜序，不料一等等了六年半，依然毫無下文，由於師母長年纏綿病榻，我也不便啟口詢問。其間我又陸續出版《驚艷》、《雕像》兩本詩集，直到第四本《雕像》新詩發表會前夕，菩薩托夢：「你終於可以摘除棉被裡的針了！你以前的作品都是二流的，直到這本《雕像》出版，才算正式升格一流詩人。」我對此夢

印象特別深刻，回憶再三，因為它對我有著無與倫比的鼓舞力量。於是下定決心，今生今世一定要勤學創作，以詩為天下蒼生造福。

2010 年 3 月 19 日乾坤突然遭到扭轉，中風後整年無法交出成績，我想今生已矣！「天亡我！天亡我！」幾度思考封筆，多虧菩薩搭救，終於恢復生機，重返詩人行列。信心的號角剛才吹起，不料又罹肺癌，真是多災多難。因此我期勉自己「凍僵的馬蹄仍要出發」！

感謝老搭檔文史哲出版社發行人彭正雄先生及編輯校對，使此集得以順利付梓，合什！

2012 年 2 月 27 日寫於居心堂

8   太陽照過來的時候

太陽照過來的時候

目　　次

14　太陽照過來的時候

生活協奏曲（118帖）

◎之一

歲月飛逝
從日
從夜
從盛開的杏花林

◎之二

日子千篇一律
晚餐桌上
我總是不停地吃著
時間

◎之三

禪
突然來到我的窗前
一語不發便彈奏起我的
呼吸

◎之四

池塘裡的春天
被我輕輕
掐下
藏入眸中
風要將它搶走
休想

◎之五

旭日偷偷升空

金光一撒

便把整個海洋擒住了

◎之六

一葉扁舟盪呀盪地

划著

浪漫而悠閒

滿湖漣漪也跟著

款擺

遙想當年青春

天空忍不住地用力

藍

◎之七

剛把黃昏擱在
書桌上
想要喝杯茶
水還沒開
夜
就在窗外叫了

◎之八

把智慧
倒進糙米粥裡
不停地攪拌

結果是
碗中僅餘的一茶匙
人生
突然眉飛色舞

◎之九

坐在窗前
被風景看了一個下午
還好
不過是虧損了一點
形象

◎之十

這世上沒有發出怨言的
大概僅有路邊小花了
所幸
今天風和日麗
大街小巷都樂意活著

◎十一

瓶上的花枝伸懶腰
一腳把年節
踢出窗外
靈感趁機溜進來：
可否借住一下
貴府

◎十二

儀表出眾的
燈
從早到晚坐在石頭上
寂寞

春天恰巧路過
送它一個謎樣的眼神：
你猜

◎十三

別急著丟棄
把春光修改成
夏日
依舊可以穿戴

◎十四

趁著閒暇
把屋裡那些
不合時宜的思維
清掉

七月
陽光要來寒舍
避暑

◎十五

夏

涉水而來

悄悄

沒想到

還是被月色撞見

◎十六

熱熱的夏

等在門外

景色

等在門外

被風一吹而散的

機會

也等在門外

◎十七

其他都跟我無關
除了
夏

最近比較嚴重的是
每次出門
我總忘了攜帶
自己

◎十八

夏日
在小巷中午睡
寧靜
把它吵醒

一隻鴿子風塵僕僕趕到
硬要它給個
未來

◎十九

一朵荷花定定地

看著　　我

正定定地看著它

我們並無太多交流

除了同樣抵抗酷暑的

眼神

還有不約而同

都把桃色話題穿在身上

◎二十

陽光坐在池邊

三番兩次對荷花

擠眉弄眼

不料

被一隻潛伏蒼蠅

揭發

◎廿一

把夏拌在綠豆冰裡
加點糖
滋味無窮

小心　一點點就好
日子太甜
無法專心幹活兒

◎廿二

坐在躺椅上
群山來到眼前
披著一身蒼茫
我們共同閱讀
天空　以及
微微發胖的八月

◎廿三

繽紛多彩的夏姿
談笑而過
禪修的碧湖告誡
鴛鴦
把心關上

◎廿四

閉關中
世界群魔亂舞
我和西瓜
聚精會神觀賞著

餐罷　關閉耳目
外面的天地交給
風

◎廿五

匆匆行過小徑
塵泥突然抱住我的鞋跟：
不是扯你後腿
而是有一首
詩
蹲在那邊哭泣
你去看看好嗎？

◎廿六

仙草汁陪我一路走過
味蕾　　走過
食道　　走過
資本主義的胃腸　　走過
思想乾旱的夏季
總算平安抵達
秋

◎廿七

極目四望
整片田野中的雜草
風砂　以及少許
盛開的花
全是牠的

季節鳥茫然了
秋色
該如何撿食？

◎廿八

薄薄的時間
從門縫溜了進來
問我：
庭院有一位含羞草造訪
是否接見？

它是秋天派來的
請稍待
我去換件衣裳

◎廿九

陪同我們上山的
除了心
還有芒花

來此之前
它們早已接到秋聲指示
全體動員演出
以白

◎三十

秋在鄉間小路
散步
遍地黃花相迎
一棵巨樹領導著
方向

小心腳下
千萬別踩碎
天堂

◎卅一

一口口
被蘋果檢測著
我的齒疾

它提出的忠告是
入冬前
一定要把　秋
仔仔細細嚼透

◎卅二

椅子坐在竹筏上
霸著一湖山水
連秋都不敢吭聲
蘆葦只能站在遠方
叫囂

◎卅三

秋風起
每一片樹葉都得離家去
流浪

千萬不要迷失
方向
我擔心

◎卅四

狂舞後
落葉重重摔在石礫上
完全躺平
忠實地
疲憊

◎卅五

晚霞發表會
終於登場
以前所未見的
千姿百態

舢舨匆匆返航
一艘艘忙著把收獲
卸下
港邊於是擠滿了
黃昏

◎卅六

紅唇優雅地吃著
文字
窗邊位置

她總喜歡把自己坐成
冬天的風景

◎卅七

逛了一趟市集發現
人人背上都馱著一袋
道理

◎卅八

掌燈了
我把黃昏摺疊起來
收好

一抹彤雲匆匆路過
窗口
順便捎走我
剛從胸中咳出的一個
驚嘆號

◎卅九

老樹看著那棟建築
長大
看它努力打過每一場
戰役
如今一身傷疤
唯有黃昏來陪它

◎四十

白牆或黑牆
都不必過度悲傷
貓咪告訴我
瞧　陽光
總有轉彎的時候

◎四一

泥土從不偏袒哪雙
鞋子
誰來踐踏
它就提出嚴正抗議

◎四二

宇宙無聲
唯獨月牙敢
活著

◎四三

見人就鞠躬哈腰
像蝦子一樣謙卑
月牙
在抵達圓滿之前

◎四四

方向決定後
魚群集體洄游
浩浩蕩蕩
洋流僅能側目
連澎湃
都得小小心心

◎四五

小熊邦尼
快步向我跑來：
一場寧靜戰爭
正在會議桌上
激烈開打

來　我說
我們先把散落滿地的
時間
整理好

◎四六

依舊生生不息
雖然我每天清除污垢

那些灰塵啊
它們永遠頑強流著
春秋戰國的血液

◎四七

光明其實不遠
如果你站在
夜的邊緣

◎四八

海在天外
遠遠地躺著

躺著
也是一種生存方式

低首過橋
就不會被強樑壓傷

◎四九

遠方飄來許多
傳說
方形　菱形　多邊形
我把它們揉成一團
重建
以款式相同的
圓

◎五十

走進餐廳
陽光早已坐在角落
等候
我們共同的嗜好是
橘子汁　以及
安靜和喜悅

◎五一

風沙急劇飛過
倏然回首警告石頭：
現在不是休息的時候

沒有休息
石頭説：
我在思考
下一步的方向

◎五二

摶不著
高高在上的天空
鳥兒只好加倍用力
飛翔

◎五三

黃昏來了
整條巷子的住戶
都出門迎接
以他們各自的
神色

◎五四

一隻貓
在屋頂上來來回回撿拾
夜
萬家燈火熄滅後
牠還在忙著
飢餓

◎五五

星星在屋頂演出
休養生息後
這是它們首度亮相

鼓掌
觀眾報以熱淚

天空黑暗太久了

◎五六

週末的夜特別
黑
我不得不把
心
點亮

◎五七

旭日
不是近年才崛起的
你之所以錯過
是因來得太晚

◎五八

歲月衝浪而來
水花四濺
一時躲避不及
我的腦袋剛好被
敲醒

◎五九

黑夜

蝴蝶閣起錦繡衣裳

養精蓄銳

待天亮

展翅

◎六十

我把我的清晨

交給清晨

它幫我安排了一場

座談會

與　朝陽

還有幾種首次出席的

花香

◎六一

誰在打招呼？
回眸處
一群美麗的牽牛花
集體向我怒吼：
別只顧走你自己的路
踩疼我們的腳啦！

◎六二

衣裙上
種滿了花
字典搖搖頭：
我也不識

眼看著就要溢出布面的
流水說
今天這堂課教的是
意象

◎六三

枕頭上的小花全開了
鬧哄哄地
一大早它們就吵著要我
起來
趕快去買
如意

仔細端詳了一會兒
我說
就在你們身邊嘛
何需遠求

◎六四

牡丹花每天寂寞地住在
畫框裡
足不出戶
唯一來看過它的朋友是
灰塵

◎六五

那幅畫
成天凝視著窗外
它親眼看過
屋簷
偷偷哭泣

◎六六

所有靈魂都在窗口
觀望
有獸張牙舞爪

別看了　回來
牆上鐘錶吆喝著：
哭泣的事
就由小花去做吧

◎六七

寂寞
好久沒來看我了
今天突然造訪

宇宙靜謐
我一個人悄悄吸吮著
夜

◎六八

又來了
穿著一身黑夜
它　就是不肯撤退
雖然我已多次婉拒

月牙
仍在窗外
目不轉睛地騷擾

◎六九

鳥獸蟲魚都已入眠
我一個人扛著
夜
遊覽童年
那些曾經存在的
音容笑貌
全部在客廳集合

◎七十

把夜穿在身上
以免看了它
多愁善感

◎七一

書房住滿往事
回憶擁擠不堪
鬧鐘早已退休
它叫我自己起來
隱逸
也是重症

◎七二

一大早緊急敲門
是時間嗎？
有何貴幹

只是順道提醒一下：
昨天你錯過了
喜悅

◎七三

煩惱已除
雲開見日試新裝
問壽桃　你看
可好？

◎七四

把最美好的滋味
獻給食客

栗子粉身碎骨
隱沒在濃濃的
奶油香裡

紅的是
麵包

◎七五

三個餃子
興高采烈談論著
台上的
歌舞表演
以及　窗外
變化無窮的天色
問題是
如何跨出
蒸籠

◎七六

風災太大
我把它放在
眼裡　放在
耳裡
都裝不下
所以把它放在
心裡

◎七七

別責怪水梨
它夙夜匪懈在拚
甜
至於肌膚上的那個傷疤
是個意外
疼啊
我撫摸再三……

◎七八

溪邊野草
依偎著　勾纏著　言論著
流水兀自潺潺
岩石放肆打鼾
它們都選擇忠於
自己
絕不升天

◎七九

湖水將紅樓模仿得

維妙維肖

甚至　春天

對行人撩撥她那

嫵媚的秀髮

甚至　鳥雀

偷偷吹了個口哨

◎八十

滿園裡的美

群起騷動

春風說

我真的沒惹她們

◎八一

遇見畢卡索
在海岸餐廳

他懇求我
到傘下喝杯咖啡：

近來景氣蕭條
浪花每天追著我
滔滔

◎八二

歲月在閉關
喃喃有聲

噓　去看看
誰是緋聞主角 ——
雨滴

◎八三

來往旅客都好奇
那麼一名小小貝殼
憑什麼擁有
整片大海

貝殼什麼都不說
只是微笑

◎八四

園圃裡
眾聲喧嘩
連露珠
都堅持己見
我催促不了任何一朵
花
開

◎八五

靜 靜 地 坐 著　我

讀 詩　讀

窗 外　讀

楓 葉 的 唇　讀

天 空 的 淚　讀

自 己 的

一 個 小 小 傷 口

◎八六

走 在 剛 上 市 的 燈 火 中

走 在 將 打 烊 的 黃 昏 中

走 在 熱 鬧 的 孤 獨 中

我 四 處 打 聽

哪 裡 可 以 買 到

年 青

◎八七

孤獨的光束
在野外漫遊
驚見一隻蟋蟀
立即笑逐顏開
三言兩語便勾肩搭背
一同去逛街了

◎八八

忍了很久
鴉群終於決定出面
把那隻醜陋的舢舨
攆走
好讓溫柔的湖水
安心地
美

◎八九

芒果小恙
我得抽空去探視一下
啊
瘡口已微微腐爛
是被時間擊傷

◎九十

賣弄過千姿百態
還要趕赴另一場約會
為廚師

絲瓜哀求：
我可以疲憊嗎？

◎九一

熱騰騰的咖啡
一杯杯交頭接耳
談論著
嗜睡的油畫

時鐘火大：
我去叫醒它

◎九二

飛揚的馬蹄
一路飆向
歲月的顛峰

沙塵
僅能安於腳下
驚訝

◎九三

被腿疾打敗的老者
拄著手杖
一拐一拐走過
炙陽燒烤的長巷
緩慢而艱難
只有那隻飢餓的貓
聽見他的嘆息

◎九四

為了遷就椅子
吃口飯
我得彎腰駝背

◎九五

每天都把自己坐成一株
沈默的樹

聽
晚霞
那金色的擺動的婀娜的
裙音

◎九六

提著一袋上好的
心情
專誠去探望
許久不復交流的
詩

還好　它說
歲月每天都來
說長道短

◎九七

星星提早回家
不是愛的誘惑
而是　夜要演出
黑
的深度

◎九八

憂傷已過
我把厚重的冬天
捲起
下一季流行的時尚是
雀躍

◎九九

我與盤桃
並肩坐著
一同強烈砰擊
時間
總是不告而別

◎一○○

銀色沙發端坐
明亮的落地窗前
觀景

外出時
主人再三叮嚀
好好招待
歲月

◎一○一

恬靜
悄悄來到書房
和早已抵達的
時間
熱絡交流

牆上的薑花也趕緊
越框相迎

大夥眼尖：
你怎麼忘了穿鞋

◎一○二

把天空請到明信片上
稍坐
彩霞立刻跟進
美
把空白全面佔領

◎一○三

小小魚兒
每天張著大口
莫非要將山河吞下？

你只不過是桌上一個
微不足道的紙鎮
我説

◎一○四

走進自己的
心房
看看它在幹啥
那麼拼命地敲鑼打鼓
我的身軀呀
差點成了
危樓

◎一〇五

冷雨敲窗
所有顏色都冬眠
時間　全年無休
仍在客廳散步
我刻意不去打擾
讓它在那兒獨自享受
淒涼

◎一〇六

正午時分
鴿子在街上賣力撿拾
陽光
一步一啄

你在幹嘛？我問
她抬起頭咕咕：
我在品嚐
飢餓

◎一○七

老鷹展翅
想把整個天空
據為己有

眾鳥紛紛逃離
唯獨
雲
堅不改道

◎一○八

誰都沒有豁免權
當寒流壓境

每一花瓣
都哆嗦著身軀
奮力迎戰
死也不肯放棄
它們歷代祖先留下的
粉紫

◎一〇九

枯葉在冬日
逃亡
倉惶中
大家都忘了攜帶
微笑
生命是唯一的
家當

◎一一〇

夕陽墜海
我是目擊者
但
雲也在場　還有
天空

我去打撈
鳥說

◎一一一

星星不停地望著我
眨眼
欲語還休
我猜不透它們的心事
乾脆把天空搬回家
仔細琢磨

◎一一二

峽谷老忙著接吻
歲月　趁機
從他們腳下
偷渡

◎一一三

甘霖
雨的經典演出
長期乾旱後

青春舞曲揭幕
草葉興奮得
扭了腰

◎一一四

急急忙忙
從口袋裡掏出
今日
差點忘了
功名還在遠方等待

◎一一五

清風
魚貫入內
客廳塞爆

煩惱的是
業已腐敗的昨日
猶霸佔著門道

◎一一六

把遺憾交給遺憾
向前走
遠方熱鬧著
風在嘻哈

◎一一七

聽
那踏步而來的
可是時間？
我得趕緊起身
跟它握個手

◎一一八

別聊了
杏花在山上等候
你搭車
我與春天同行

※以上小詩系列，部分曾刊登於《創世紀》
詩雜誌，部分曾刊登於《文學人》雜誌。

詩人的一天

打開雙眼

打開今日

打開一條繩子與另一條繩子

糾纏不斷的

情結

打開花生緊鎖的門扉

打開芝蔴狹窄的心胸

打開菱角固若金湯的

城牆

打開中午

打開飯盒

打開一枚雞蛋的屋頂

打開生命的
最初

打開抽屜
打開肺腑
打開一部歷史的面紗
打開卸妝後的
人性

打開電視
打開世界
打開五顏六色的慾望
打開一瓶汽水的
憤怒

打開黑夜的序幕
打開自己
打開
夢……

地　圖

禪
叫我快點起床
一同去
尋幽

地圖呢？
所有抽屜遍尋不著

別急別急
祂說
找找你的左心房

斷腸紅

天上的星星全來了
舞台黯然失色

一名從無機會登場的小配角
背對觀眾
掏出心
簫了一曲幽幽怨怨
然後　聽從指示
快速由布幕側門隱去
燈光忽明忽滅
沒人看清他的臉

掌聲雷動
大夥相互打探

節目單上
他的名字剛好
漏印
有人高聲回應　他叫
斷腸
紅

待

前仆後繼努力奔跑的
金色波浪
壓根沒瞧他一眼
不死心的垂釣者
依舊在岸邊打撈
機運

岩石堅持做好一塊
岩石
絕不跳海

這兒經常人潮擁擠
沙灘上隨手可以撿到遊客
不慎失落的各式各樣的

臉

歸巢的鳥
並不全叫海鷗
牠們從不計較稱謂
翅膀　是代代相傳
最珍貴的遺產

一葉扁舟
不過是個點綴
猶如大海別著一枚
亮麗胸針
搶
眼

打撈機運的垂釣者
依舊兩手空空
直到風雨出巡
他
還會再來

紅塵速寫

所有花瓣都豎起耳朵
聆聽
鋼琴演奏

一波波流水般的
音符
淌了滿地

貓咪抱怨
牠捉不到貝多芬

—— 乾坤詩刊「名家手稿」

千里之外

為了幫千里之外那些
從未謀面的貧童
買一個
天堂
他義無反顧
刻薄了一件衣裳
匆匆了一個便當
拒絕了一枚月亮

—— 創世紀詩雜誌

蒲公英

一群蒲公英

心甘情願守護著

那間無人聞問的破陋

茅舍

幫它領取

春風秋雨

以及

未必每天都來的

陽光

— 創世紀詩雜誌

荷葉說

陽光爬上屋頂
放眼天下
裸浴的青蛙
趕緊躍入水中
藏匿

我幫你遮著
荷葉說
但不包括你的
謊言

蘿　蔔

白胖健壯的蘿蔔
首度接受媒體拍攝
從未曝光的
生活照

法脈傳承？
記者問
蘿蔔 ——
所有蘿蔔異口同聲

祖籍？
菜園 ——
一名幼童搶答

未來期望？
拆除籬笆

—— 創世紀詩雜誌

日 子

日子　永遠坐在
書桌前的那張椅子上
強勢主宰著整個
時空

屢次請它搬遷
我嘗試過溝通過協商過
什麼努力都做過
日子　依舊坐在
書桌前的那張椅子上

我偷偷瞄了一眼
它正威嚴地看著我
如何自編自導自演
人生

第一堂課

夜已離開

鄰家鳥兒興奮地吹起

口哨

書房所有物品都被

吵醒

陽光提早趨來

它說

昨天太忙

今日不能再缺席

上學嘍

龍鬚菜急得像

一團亂絲

地板拜託掃帚幫它

梳梳頭
第一堂課講的是
如何將智慧輸入
動脈

終於天晴

拜訪登山步道
所有青苔都熱情歡迎
拾級而上
愈發感覺沈重
啊　背包裡塞滿
失意
臨行前忘了清除

天空突然陰暗
一朵烏雲拍拍我的肩膀：
每個人都有機會
哭泣

雨來了

趕緊顧好腳下

專心走過坎坷……

天晴

終於天晴

走在巷弄

走在巷弄
夏日淫威勝往年

來去行人
同樣的手腳
同樣的眼耳鼻喉
同樣的
汗
只是啼哭嬰兒
已老

走在巷弄
高樓忙著拉皮
車站急著挽面

賣燒餅的老伯
安在？
僅餘濃濃鄉音
在空氣中隱約迴盪……

聲音溢滿耳際

聲音溢滿耳際
它們分別來自
來處
我非自願聽到
也好　替代了
閒愁

日子不能太靜
我常看見時間在偷偷
流淚
孤獨已成顯學
在這熱鬧喧囂的城市

突地一喊

叫賣冰棒的擴音器
震垮小巷

久違了
我趕緊衝出
準備大肆採購一番
兒時記憶　經常
缺貨

年　青

鳥兒開始歡悅歌唱
我荒蕪的詩想遂被
吵醒
（Music）
華爾滋

一陣風吹著口哨經過
初秋登場
恰恰　來
（Music）

我們現在流行
街舞
落葉說

好久沒年青了
骨頭都已叛變
還好　翅膀沒生銹
夢醒就飛翔
（Music）

天空是我家
鳥兒得意地問：
今晚豪宅 party
參加否？

盛　宴

熱鬧著

盛宴

能來的都來了

包括鮮採的筊白筍

街上僅剩下

秋天

它在仔細端詳

一名席地而坐的和尚

空空的

缽

── 乾坤詩刊「名家手稿」

彩　球

冉冉升空的
彩球
就是不肯放棄
飛
終於坐上雲霄
秋
也趕來歡呼

那些拒絕夢想的樹木
就讓它們繼續在地上
平凡

—— 創世紀詩雜誌

樟樹下

整個午後都在樟樹下
自由

時間　掛滿樹枝
我和自己手牽手
走進深秋

寧靜來訪
於是
我跟般若有了一場
約會

把時間穿在身上

把時間穿在身上
它跟隨我行住坐臥
喜怒哀樂

我們共同喝一杯香濃的
木瓜牛奶
共同去淡水看海
共同醜陋走過泥濘
共同美麗出席成功
共同在春天捕捉
當下

把時間穿在身上
今天天晴
玩
詩

牆上的麵包花

牆 上 的 麵 包 花
與 我
交 情 深 厚
它 們 攙 扶 我 走 過
數 十 春 秋

無 言　　説 法
以 花 開
誰 都 不 肯 輕 易
凋 亡

美 麗 依 舊
倦 容 難 掩
角 落 的 那 一 朵

偷偷在打哈欠
我假裝沒有看見

仔細審視它們的年華
累不累？
大夥齊聲回答：
不累
每一朵都興致勃勃要陪我
共度黃昏

一大早屋內就
熱鬧非凡
今日
小暑

日子飄著麥茶香

說不上不幸福
也沒有嘆息
即使輕輕
悲觀
已逝

日子飄著微微的
麥茶香
呼吸是活著的符號

晨起第一件事
我心無旁騖清掃著
滿地零亂的
死亡

近年來我已不再為那些
芝麻綠豆　做
盛大哀悼
對於一隻魚的力爭上游
必然到場鼓掌

酷暑　氣溫高漲
文字都被嚴重燙傷
我一針一線縫補著
殘缺的思想
真的　還是很
忙

覓　屋

榮華富貴
屋主安在？

內外寬敞天地闊
極目所見
全是綠的演出

秋　在小湖邊上
托著腮
沈思

絨毯　珠簾　絲繡
一股淡淡的
悠閒
梅花站在角落認真

孤　獨

茶　几　　磁　碟　　水　晶　杯
藝　品　爭　鋒
陽　光　忙　著　閱　讀
名　人　傳　記
無　暇　接　待　顧　客

吧　台　　燈　飾　　酒　香
成　也　此
敗　也　此
誰　來　執　壺　？

一　朵　雲　出　來　蹓　躂
俯　身　探　問　：
可　有　吉　屋　出　售　？

家屬之必要

想換新居
一進門
它給我滿屋子的
顏色
看
並且滔滔不絕介紹著
列隊歡迎的
灰塵們

家屬之必要
一隻蚊子嗡嗡飛過

遷 居

—— 觀陶瓷展有感

終於
牡丹遷居
細緻嫩白的鑲金瓷瓶
這會兒是在微笑
午寐

一隻彩蝶飛過　立即
回眸
噓　別靠近
讓她在那兒好好
得意

年　花

昨天　那些花
還在瓶中
富貴
日歷判決它們限期
死亡

不捨啊
不捨

聽聽看
它們在聊些什麼
恭喜發財
萬事如意……

不忍啊
不忍

過年時
它們曾經送給我　以及
寒舍
許許多多
色彩

　　　　　　　　— 2009 年新春開筆

情人節

街上無人
除了
夜

願意陪我散步的僅有
雲
剛剛認識

我們結伴同行
誰也不聒噪
各想各的
倦了就分手

回到家裡

打開燈

冬　正坐在沙發上

等候

　　　　　　　—— 創世紀詩雜誌

關　於

就這樣不知不覺來到
黃昏
我泡了一杯淡茶
坐下　和
堅持不去整型的夕陽
閒聊
關於美
關於綠豆的基因
關於龍眼的體重
以及
島的三圍

說著　說著
時間從身邊匆匆走過

不小心

踩了我一腳

—— 文學人雜誌

青天朗朗

青天朗朗
何處吹來一陣風砂？
猛烈地
將白椅抹灰

我取來毛巾
用力擦拭
不小心把午休的真理
吵醒
它叫我繼續看花
觀　　自在

至於椅子
所有路過的陽光都說

它叫
白

—— 文學人雜誌

觀　池

樹影躺在水中

逍遙

聞訊的錦鯉

一湧而上

都想嚐嚐這難得的

美食

努力了整個下午

終於叼出一口

夜

—— 文學人雜誌

豪 宅

池塘漣漪

漣漪著

天上白雲

雲著

風情萬種的樹

樹著

草坪揮霍著青春

柵欄鎖著豪宅

豪宅鎖著歲月

歲月鎖著酒瓶

酒瓶鎖著葡萄

一顆顆晶瑩飽滿的

淚

—— 文學人雜誌

繁華以外

秋　在巷弄間
悠閒散步
看不出有什麼嚴重
企圖

雲彩陪著倚閭而望的
老嫗
噓寒問暖

家庭式營業招牌
委委曲曲懸在街角
只有那條上了年紀的
石板路
說得清楚它的滄桑

這一帶住著許許多多
歷史
歲月經常來訪

早起的陽光幾乎每天都來
為人們開啓心靈的
窗扉

噢　一陣
好大的風
敲鑼打鼓吹過

—— 創世紀雜誌

坐在現代風景裡看古代風景

坐在現代風景裡　看
古代風景
那些山　那些水　那些氤氳
樹來過　舟來過　昏鴉來過
影子怎麼不老？

屋內人兒究竟談些什麼
我不便問
只聽見　陶壺
興奮地哼著小曲

月亮已從宋代出發
哇　這麼一會工夫
就來到眼前

—— 創世紀詩雜誌

註：2009 年底與舍妹、妹婿同遊台北故宮，返後寫
　　下此詩。翌年，動畫工作者精心製成「會動的
　　清明上河圖」，在各地巡迴展出，轟動全台。

熄燈號

密密麻麻寫了許多
外人看不懂的
心坎　彷若
行事歷

餐廳角落
重覆摺疊的影像
可是
伊？

記憶之盒塵封過久
鎖已銹
遍尋不著鑰匙
開啓

整個午後都在仔細撫摸
斑剝
是留給我的？
我在腦袋鍵盤上
毫不猶豫按下
確定

窗外老樹搖落一地
歲月
服務生謙卑地送來帳單
微笑告知即將
打烊
我起身提著重重的
空
離開

—— 寫於 2009 年 12 月 11 日
—— 創世紀詩雜誌

一圖二寫

●之一

白雪
征服了整個草原

凍僵的馬蹄
仍要出發

因為　鞭子
鞭子啊
從不停息

　　　── 2010 年元旦聯合報攝影圖片刊
　　　載內蒙古急凍零下 47.5 度有感

●之二

草原已枯

不能抵擋的　秋

之輪迴

定定站著

一匹馬堅決主張

要活得像一匹馬

此刻起

旭日不是騎士專有

縱然他的手中永遠拿著

長鞭

—— 2010 年 1 月 17 日中國時報出現極度類似圖片，
　唯一不同的是「季節」，興味高昂乃再提筆。

日月來了沒？

── 讀攝影圖片有感

日月從不承認自己

閒著

可我看盡整張照片

就是找不到它們出席的

簽名

一件單薄衣衫

不知被誰懸在半空

用力吶喊

風　繼續在城市

觀光

有人俯首路過街頭

他在聆聽自己的心跳

重複書寫

重複書寫大海
是因每一朵浪花都搶著要
活出自己

白雲不老
是因它永遠有溫柔的天空
擁抱

唱給失智老叟的船歌
不小心被我聽見
歡樂成了憂傷

在岸邊
我撿到一個三十年前的
自己

鏡頭早已對準

─ 觀圖有感

鏡頭早已對準
岩石上
一點小小光亮

暗夜無際無涯
聲音禁止入場

紅蜻蜓
單槍匹馬抵達
摸索　觸探
以那纖細如絲的長臂

危機四伏

經驗提醒牠

仍要搜尋
牠所要搜尋的
為了存活
必需勇敢赴死

鏡頭早已對準
早已對準
牠知道

老樹猶生新枝

濕冷的情緒
被倏然亮起的燈光
即時消滅

靜靜仰在一張牢靠座椅上
品嚐刻意不忙的況味

年花略嫌單薄
因為勵行節約
一夜滋潤
凋萎的葉莖神奇復甦

劍蘭活了！看啊
英姿勃發

難的一見的滿堂富貴
虛幻裡
飄起一種短暫的真實

我定定看著定定看著
花的存在
橘的存在
乙只超大蘋果的存在
寶瓶　發糕　香爐
以及　那
燃燒過後的灰燼
佛經不老
屋宅已舊
天地極度靜默

蕨的形成始於
如意
它們可是專誠來向我
拜年？
多日不見
蕪草已登庭園主流
倒也淡雅清麗

高掛枝頭的金桔
從不喊累
只是體態過重
行事更加低調

春季早已報到

寒風卻仍陣陣刺骨

許久不曾下凡

就讓雨好好哭泣

簷上粒粒珍珠

緣起緣滅

轉瞬如來

天賜祥瑞

福滿乾坤

我撫摸著金紅輝耀的門聯

沈思久久……

葉落盡

老樹猶生新枝

—— 2010 年正月初三開筆

就在窗外，春天

總是陰濛濛的
或者　細雨霏霏

站在醫院高樓遠眺
最具前瞻性的未來即是
墳場
以及圍繞在它們身邊
不離不棄的荒煙蔓草

春天何在？
一名半癱瘓的中風女子
問　鄰床
被截肢的糖尿病患

在窗外
這就是今年的春天
專程來看我們
她幽默回答
旋又嘆了口氣
妳還年少

我仔細端詳著她那
欲斷尚連業已乾癟的五指
故意將臉上驚駭藏起
人生的樣態
亦如繁花
必須走過每一環節
終至凋零

是的
在窗外
這就是今年的春天
我的　她的
那椎脊重創者的
那氣切抽痰不識子女者的
……

我轉身仆倒床上
告訴冰涼的眼淚：
要像勇士一般活著
向自己的無能宣戰
對血管革命！

難得放晴

一隻巨鷹在空中
展翅遨翔
三番兩次來叩窗
姿態雄美
啊　生命的躍進
不停地
不停地

這就是今年的春天
是啊
它專程來看我

── 創世紀詩雜誌

註：2010 年 3 月 19 日突然急性中風暈厥，半身癱
瘓，言語艱困，右手不能持筆，住院無法填表，
成了名副其實的「無名」之輩。所幸蒼天有好
生之德，神佛垂眷，總算度過危難，如今已大
抵康復。

剛剛聽說

── 傷逝

剛剛聽說
春天走了
昨晚大夥還一同
放肆地談笑
它確曾來過這個地球
確曾

一覺醒來
夏日早已蹲在樓頭
張望
春天走時
可曾向它辭行？

熱鬧著
小巷的孩子們
春天走了
想必它也曾有個快樂
童年
像那些嬉戲的孩子
笑得銀鈴似的

桌上殘餘印記著
每個人留下的音容笑貌
但
燙口的茶
已冷

春天走了
走了
我也是剛剛聽說

—— 創世紀詩雜誌

主義即將誕生

主義即將誕生
我得趕緊修葺
瀕臨腐朽的思想

剛才跨越死亡戰線
不知能否順利抵達
明天

前面廣場佈滿荊棘
但也微微聞到一股
酒香

為了迎接翌日陽光
我把　夜

早早關上

　　—— 寫於 2010 年 9 月 14 日凌晨子時

　　—— 創世紀詩雜誌

已經許久了

把自己活成不是自己的樣子
已經許久了

與疾病過從甚密
已經許久了

記不得詩的身高體重
已經許久了

找不到親友借貸時間
已經許久了

未請晚霞進屋裡坐坐
已經許久了

老是跟鞋子不睦
已經許久了

寧靜沒來敲門
已經許久了

每天都在跟歲月抗爭
已經許久了

全球欠收
到處買不到柔軟
已經許久了

沒有傾全力喝采
一朵花的認真綻放
已經許久了

— 創世紀詩雜誌

落英格外繽紛

嚼著山色
嚼著時間
重症初癒的午後
落英格外繽紛

斑剝的座椅
顯然久已無人聞問
連灰塵都可囂張地將它
抹黑

燦爛陽光
把綠樹上的新芽洗得
油亮
希望就掛在它們年青的

臉龐

記憶
突然打來一通電話
邀我舊夢重遊
年邁退休的生命列車
立刻穿上彩衣
鳴笛開跑⋯⋯

烏雲漸次聚集
遼闊的天空逐步被
佔領
歸鳥急飛
提醒我趕緊回巢

打開今日

群樹舞蹈
蝴蝶展翅
青蛙與蜻蜓首度承認
彼此平等存在

時間陪著昂貴腕錶出席
經濟高峰論壇

海芋一點也不冀望住進
環湖豪宅

所有浪花都積極
向前奔跑

熊貓不解地觀賞著遊客
人們為何要洞察牠的隱私

捷運一大早就精神飽滿地
出發
載著亮晃晃的
晨曦

　　　　　　—— 2010 年世界詩人大會詩選集

赫見童年

走進書房
赫見童年躺在桌上
好久不見
我們開懷地聊了起來

說著說著
夢　也來了

年輕依舊
想獨立扛起一艘船的慾望
依舊
從不認為自己會被打敗的信念
也依舊
它堅決主張　黎明

不是黑的

太陽即將下山
童年轉身走了
夢也告辭

大船仍在海上
美麗已從鏡裡偷偷
逃亡

　　　　　—— 2011 年 6 月 5 日國立台灣文學館詩展

小　憩

小憩公園座椅
草原盡頭
烈陽高掛
祂分分秒秒逼視著我
因為逐漸衰老而
慵懶

回憶太重
我決定把它們一箱箱
丟棄

閉目
風聲從耳邊經過
我聽見

清晰聽見
雖然步履輕盈

曾幾何時
夜已崛起
一股寒意迎面撲來
我將敞著的胸懷
趕緊關上

雨又響起

雨又響起
日子簡單卻樣樣繁瑣
連抄襲昨日也覺
疲憊

聲音來自四面八方
吵鬧得愈發令人
寂寞

讀一本書
彷彿舉起一座城市
因為視力模糊
許多人性皺摺
只好刻意沒有看見

人生最高智慧就是
無知

雨又響起
閣書
熄燈
我坐在椅上稍歇片刻
一剎時
世界變得極度黑暗……

　　　　　—— 寫於 2011 年 6 月 26 日傍晚時分

初　秋

日子一點也不輝煌
今夜亦非星光燦爛
雨後初秋
我和一把粉紅梳子商討著
如何書寫寂寞

看啊　牆上
那隻積極進取的蟑螂
絕不放棄
年青

正在值勤的省電燈炮
看來十分疲倦
我們共同撫養

夜

一聲尖叫
壺開了
寂寞趁機溜走
我俯身默默撿拾著
秋的腳印

立　秋

一碗飯端坐著
它堅持要與我共度
立秋
茶也是
青花也是
蘑菇和時間在桌角爭辯
關於業績
一根薑從口辣到心
的最深處
風幫我輕輕擦拭著
臉上的淚
牆上日曆高喊
立秋
是啊　立秋了
又立秋了

黃　葉

一片黃葉
旅行到窗外
躺在陽台上
喘息

我問：
可要喝點飲料？

它搖搖頭：
我要趕回故鄉
然後
乘風而去
穿著一身
秋

楓葉紅

被時間擊落的
楓葉
垂頭喪氣聚在一起

有一片突然打開話匣
我們也曾經紅過

對！我們也曾經紅過
稱兄道弟聲
此起彼落

我們也曾經紅過
（左邊唱完右邊唱）
我們也曾經紅過

（右邊唱完左邊唱）

不讓我們長在樹上
我們就坐在地上
誰能說我們不叫
楓葉
紅

被時間擊落的楓葉
愈來愈多　愈來愈多
堆在地上的顏色
愈來愈紅
愈來愈紅……

然後，醉

池畔的油紙傘
日日夜夜一直撐著　等候
楓紅

來了
終於來了
漫山遍野都是
他堅持就是要
紅
給她看

善解人意的燈籠
趕緊請　秋
入座

一同露天饗宴

屋瓦唱起古老歌謠
然後
醉
管它細雨霏霏

歲月腳下

落葉滿階
秋深

我在歲月腳下
匍伏
爬著爬著　髮
白了

磨爛的肌膚滲著
砂礫　血和
淚

別說蹂躪
是
生涯

跟歲月乾杯

揉眼
擦拭昨夜餘緒
傷口
催促我的靈魂
起床

機械聲將屋宇團團
包圍
戰況慘烈
我僅能以薄薄的耳膜
抵擋　並且
練習投降
長青樹假裝沒有聽見
依舊快樂成長

夏日氣燄已近尾
我跟歲月乾杯

仍　然

仍然清掃　採購　果腹　洗滌
疲憊
沒有時間偉大
讀了很多窗戶
卻還寫不出一首好詩的
週日

想平凡地迅速掠過街頭
不被天空發現
卻又渴望開成一朵
出色的花
高調展示絕代風華
總是穿著矛盾出門的
週日

餐後
想作為終究還是無所為
就這樣靜靜坐在
不熱不冷裡
不老不少著
直到
夜
重重咳了一聲

露珠來了

露珠來了
在屋簷
縱情地唱了一首
繞樑小曲

走道上年邁的苔蘚
流下激動的淚：
它讓我想起那個
跟春天私奔了的
伊

── 乾坤詩刊「名家手稿」

秋深了

秋深了

無心地走著走著
來到一個不起眼的
小湖畔
它沒跟我握手致意
連句客套話也不說
只顧著展示自己的
碧綠

天地寧靜
沒人佇立
也無飛禽掠過
僅有一朵小小紅花
勇敢地在湖邊綻放

躊躇片刻
我還是選擇不去拜訪
因為她也十分忙碌
忙著欣賞自己的
美麗

緩緩蹲下
取出皮包中帶來的一些
過去的美好時光
放進湖裡涮一涮
一個不慎
它們全都溺斃水中
無論如何打撈
依然不見蹤影
天空彷彿早有安排
適時飄下微雨

沒帶傘
我的眼睛也跟著下起雨……

畢竟秋了
涼颼颼
尤其穿著短袖的手臂
這股涼
並未徵得我的同意
便兀自向周邊蔓延
直搗心窩……

秋深了

遠遠地跟那朵小花說
妳真的很美
很美

茶壺抓著我的衣角

如此謹言慎行
是因菩薩在身邊端坐
老被讚美古色古香
茶壺感到有些疲倦
不信　你問問那幅油畫
我們都曾年輕

窗外山水怎不見提出
改革方案
與書桌結髮十年
從未聽他說過
愛
點心來了
咖啡來了

它們只請斜陽品嚐

能否換個風水？
茶壺抓著我的衣角

　　　　　　　　── 創世紀詩雜誌

雨陪我漫步小巷

雨陪我漫步小巷
街道微微泛著
秋涼
說不上憂傷
只是偶而眼角閃著星光
每日這樣來來往往
黑髮已成白霜

鄰家籠中雛鳥
在高處
指指點點
是要啄醒我的
夢想？

回憶都在遠方
我還是堅持守在
故鄉
想
想
想

雨夜四寫

●之一：聽雨

今晚我和時間一起
聽雨
蟾蜍比我們更為
出神
含羞草睡了
噓　別吵醒它

坐在我左邊的是一個
歐式核桃麵包
看來它的興致十分
高昂
莫非這是初體驗？

桌上的橘子
打扮得光鮮亮麗
我一直強忍住慾望
不敢染指

夜呢
空椅回答：
它正忙著
淒清

●之二：問燈

又把昨天讀了一遍
雨也繼續下著
淒清已被複印
不怕遺失

雜誌堆積如山
我已許久未跟世界

寒暄
和文字勉強稱得上是
朋友
門窗拒絕送往迎來
除了風

惆帳是何顏色？
我問燈
它向四周打量了一番：
你不是穿在身上了嗎？

●之三：雨還是稀稀疏疏落著

雨還是稀稀疏疏落著
微微寒意籠罩著夜

我和一隻螞蟻在餐桌
相遇
牠說牠正忙著找尋
食糧

恕不奉陪

想起貧窮詩人杜牧那隻
瘦弱臥病的小毛驢
早已不堪差遣……
噙著淚
餐畢

雨還是稀稀疏疏落著
寒意加劇
想起盲人阿炳彈奏的
二胡
比冬還
冷
夜深了
星星今天休假
我只好與枕
共眠

●之四：宵夜的佐料

今天宵夜的佐料是
冬雨
我一口一口嚼著
歲月
靜靜聽著天空努力
滂沱
園裡的果蔬也跟著大聲
哭泣

外面溫度急速下降
我已感到微微顫抖
曾幾何時
屋內已掉了滿地的
老

初 老

稀稀落落的秋雨
懶懶滴著
有種萬事皆休的頹廢
如我
之初老

不知不覺已入夢
突然
有人拍打我的肩膀：
醒醒
啊　是黃昏
越窗而來
別急著睡
晚上還有一餐佳餚

久 矣

小巷不見陽光
久矣
屋宇全被黑暗
攻佔

晴天再現
日子同路面一樣
清爽

鳥兒啣來花枝
邀約
可否參加牠的喜宴？
我略為沈吟：
祝福

午夜場

推門而出
滿天星斗猶
未眠
夜
頻頻打著哈欠

萬家燈火相繼說完
愛的故事
收工
即將上演的午夜場　叫
寧靜

綠茶時光

摘一片雲
陪我共度綠茶時光

蝴蝶得意洋洋飛來
要我欣賞牠的
美麗衣裳
蜜蜂也吵著要報名
參加
陽台頓成時尚廣場

一陣疾風橫掃
吹亂了所有植物的秀髮
每一棵都嘟噥著嘴
頻頻梳妝

爾後
大夥一起歡唱

聽
誰在緊急敲門
來的是 ——
幸福

那年我們一起賞雪

晚餐吃的全是
雪

入冬最冷的一道寒流
過境
瑟縮著　顫抖著
想起不想想起的
伊

雪還認得我們
它聽過我們說過
它清楚伊的夾克
剛好裝滿我們的
曾經

電視裡的暴風雪
好遠好遠
又好近好近
在客廳　在眼前　在腦海
依舊白　依舊美　依舊
冷

送　行

正在離開
伊

行李箱裝滿重重的
成就
拎不動
只好找拖車運送
還有太多酸甜苦辣
必須割捨
我用眼睛撫摸了一遍
都是些私有物件
外人不便插手
全帶了？
嗯　他應著

滿足地

除了……

正在離開

伊

祝福已被過度使用

我選擇默默目送

遠遠

遠遠地

看　海

躺在床上
看海
浪花一波波
襲來

那些幸福時光
美麗重現
樂音　耳語
伊
落日　沙灘　和
腳印

以及離別後
長長長長長長的

思　念

躺在床上看海
照片中
浪花一波波襲來
樂音
耳語
老

電話鈴聲不再響起

電話鈴聲不再響起
日子突然變成
黑白
素淨點也好
就像女人洋裝上的圖案
色彩過多反而讓人覺得
眼花瞭亂

電話鈴聲不再響起
屋裡只剩窸窸窣窣的
腳步
我和自己絮絮叨叨
在空氣中寫詩
平凡生活也可料理成

不平凡
沒有什麼秘訣　真的
只是加點思想
調味

電話鈴聲不再響起
日子突然變成
黑白
我在桌前靜靜地
老
把自己坐成一尊
雕像

複　製

又在複製昨日的口味
晚餐　孤寂
冬

血管的危機
愈來愈不年輕貌美的
喟嘆

一直沒有更換品牌的
形象
對於愛情密碼故意不去
解讀

每天接受燈光恩惠

卻 從 未 積 極 思 考 如 何
回 饋

明 明 知 道 言 多 必 失
猶 為 毫 不 相 干 的 蒼 生
請 命

時 間
總 搭 同 一 班 捷 運 離 去……

又 在 複 製 昨 日 的 口 味
枕 頭　棉 被
一 個 人 的
夜

又開張了

又開張了
週一

今天不會爆紅
是唯一可以確定的事

開始耕耘
這四十年的老宅
據說從前住過許多
生老病死
住過成功與失敗
住過美麗與哀愁
住過良善與醜惡
住過　　住過
空

物換星移了
地仍要掃
門仍要開
窗外仍然住滿
青春

天空每天放映動畫
空氣必來噓寒問暖
我和陽光
很熟
竹子大約五代同堂
不止嘍 ——
土壤說

鍋碗盆瓢過日子

我堅持
以我的姿勢

日已西沉
要精進
阿彌陀經提醒著
（告別式推薦
　必讀好書）
每位逝者都專心認真
聆聽

問紅塵
路
還有多遠？

── 創世紀詩雜誌

擦 拭

擦拭那些錯誤的
相遇
彷彿擦拭用字不當的
篇章

潔淨的稿紙
因我不停地用力懊惱
而受傷

整晚我都在修補它們的
破碎……

太陽照過來的時候

太陽照過來的時候
夢已逃離
睡眠是法定容許的
奢侈
我掙扎著起身
再一次和今日相遇

方向
八萬四千法門
成功　有時
轉個彎就到

幸福
俯拾皆是

但人們總是急著
大步向前

我喜歡安於一室
靜靜地
散發幽香
如蘭
花開無需敲鑼打鼓

太陽照過來的時候
我趕緊接住

信心號角已經吹起

遠方樂音悠悠飄來
日子總是同一款式
已經懶得
慵懶

細細碎碎瑣事構築著偉大
夢想
於是
眼耳鼻舌身意
全被上緊發條

信心號角已經吹起
雖然葉落秋盡

我迅速批准
自己呈給自己的奏章
開工
大吉

洩　洪

椅子全被空閒坐滿
我找不到任何處所
安身

時間指揮著我　如何
舞蹈
包括咳嗽的姿勢
也要講究

我到書海愉稅垂釣
所有文字欣然游來
如魚

乾涸已久的腦庫迅速

豐沛
思想下令　午後
洩洪

沸　騰

會談結束
我把夢送出門外

接著
日光來訪

柴米油鹽早在廚房
沸騰

桌上文字嗆聲：
你沒看見我們
徹夜排隊嗎？

聽說颱風要來

晚餐發生在
明日之前
麵線與麵線正式宣戰
自家人！

兩顆鹹蛋
鬼鬼祟祟滾了過來
它們口徑一致：
出遊

一群主義齊聚茶几
面色凝重地討論
聽說颱風要來

郊　遊

去郊遊
白雲呼朋引伴
今天的天空特別
藍

看
前面有水又有山
待會兒去嚐鮮

別嫌矮
綠地説
祖宗留給我們許多
田
誰能抗拒鹽？

喂　別睡了
睜開眼
大家看到的月亮
一樣
圓

老鷹之歌

俯視良久
終於決定出擊
一隻老鷹
奮力叼起一座
城市
極速飛奔遠去
留下偌大的宇宙
不敢
譁然

蜜蜂與稻穗

小蜜蜂最愛看
稻穗
每天都來和它們一起
淋雨　一起
享受陽光　一起
玩耍　一起
偷偷長大
偶而也吵個小架
看
牠又在抓它的小瓣子

趺　坐

趺 坐
大 樹 下
終 於 有 了 安 穩 的
依 靠

滿 地 黃 葉 堆 積
它 們 個 個 歪 著 頭
興 致 高 昂 地 要 我 講 述
遠 方 的 故 事

許 許 多 多 的 過 去
倏 然 齊 聚 當 下

我 在 真 實 存 有 的 現 在

看見　未來
已經穿衣起程
正邁著大步向我走來

準備好了
心靈
即將出迎

落葉列隊隨行
吹著動聽的小號
它們練習已久

別急　秋說
還早呢

凝　神

對面窗台上的花貓
認真地閱讀了一個下午
關於
我

左右鬍鬚壁壘分明
鼻樑中立統領雙頰
表情冰冷
猜不透任何
意圖
目光慧黠
分分秒秒跟隨我的舉動
游移
甚至強烈質疑我的

腰圍

凝神
隔著欄杆
時間　從牠腳邊
迅速逃竄……

只想和薰衣草聊聊

音樂輕颺
看著月歷上的勝景古蹟
彷彿正走在羅馬街頭
英雄　榮耀　廢墟

腦袋空空
心靈空空
慾望空空

只想坐下來喝一杯
咖啡
和薰衣草聊聊
風

自己就在自己中

房子們凝視著
水中的自己
雲也是
天空也是

整個世界
反了

雲偷偷溜了
天空只好繼續研究
水中的自己

池塘賣力營業：
人不看水
水不看人
自己就在自己中

即　興

智慧起來了

如意在花圃用力
分娩

看著畫中揮汗似雨
屢敗屢戰
仍在不斷對著龍門彈跳的
鯉魚
牡丹疼惜地大喊：
加油！

球　賽

強勢飛撲而來的
昨日
因我閃避漏接而
墜毀

更加凌厲的
今日
接踵而至
這次我全力迎擊
一腳將它踢進球門
得分

從地球出發

從地球出發
一艘艦載滿數萬噸的
夢
拖著巨大的海洋
拖著剛起床的
藍
航向
天空
水花一路尖叫著……